¡Animales bebés en la naturaleza!

Crías de gorila en la naturaleza

por Marie Brandle

Bullfrog
en español

Ideas para padres y maestros

Bullfrog Books permite a los niños practicar la lectura de textos informativos desde el nivel principiante. Las repeticiones, palabras conocidas y descripciones en las imágenes ayudan a los lectores principiantes.

Antes de leer
- Hablen acerca de las fotografías. ¿Qué representan para ellos?
- Consulten juntos el glosario de las fotografías. Lean las palabras y hablen de ellas.

Durante la lectura
- Hojeen el libro y observen las fotografías. Deje que el niño haga preguntas. Muestre las descripciones en las imágenes.
- Léale el libro al niño o deje que él o ella lo lea independientemente.

Después de leer
- Anime al niño para que piense más. Pregúntele: Las mamás gorilas acicalan a sus crías. ¿Puedes nombrar algunos otros animales que hacen esto?

Bullfrog Books are published by Jump!
5357 Penn Avenue South
Minneapolis, MN 55419
www.jumplibrary.com

Library of Congress Cataloging-in-Publication Data

Names: Brandle, Marie, 1989– author.
Title: Crías de gorila en la naturaleza / por Marie Brandle.
Other titles: Gorilla infants in the wild. Spanish
Description: Minneapolis, MN: Jump!, Inc., [2023]
Series: ¡Animales bebés en la naturaleza!
Includes Index | Audience: Ages 5–8
Identifiers: LCCN 2022033938 (print)
LCCN 2022033939 (ebook)
ISBN 9798885242271 (hardcover)
ISBN 9798885242288 (paperback)
ISBN 9798885242295 (ebook)
Subjects: LCSH: Gorilla—Infancy—Juvenile literature.
Classification: LCC QL737.P94 B72518 2023 (print)
LCC QL737.P94 (ebook)
DDC 599.884—dc23/eng/20220726

Editor: Eliza Leahy
Designer: Molly Ballanger
Translator: Annette Granat

Photo Credits: uzuri/Shutterstock, cover; Jrleyland/iStock, 1; This N That/Shutterstock, 3; Nick Fox/Shutterstock, 4, 23bl; Igorcorinne/Dreamstime, 5; Ben Birchall - PA Images/Getty, 6–7; ZSSD/Minden Pictures/SuperStock, 8; Suzi Eszterhas/Minden Pictures/SuperStock, 9, 20–21, 23tl; TiggyMorse/iStock, 10–11; Saaaaa/Dreamstime, 12–13, 23tr; Martin Lindsay/Alamy, 14–15; Brina L. Bunt/Shutterstock, 16; Eric Baccega/age fotostock/SuperStock, 17; Minden Pictures/SuperStock, 18–19, 23br; Teresa Considine/Shutterstock, 22; Eric Gevaert/Dreamstime, 24.

Printed in the United States of America at Corporate Graphics in North Mankato, Minnesota.

Tabla de contenido

Crecen y juegan

Una cría de gorila
es un bebé.

La cría se queda con mamá.

Mamá la abraza.

La cría bebe la leche de mamá.

¡Ella crece!

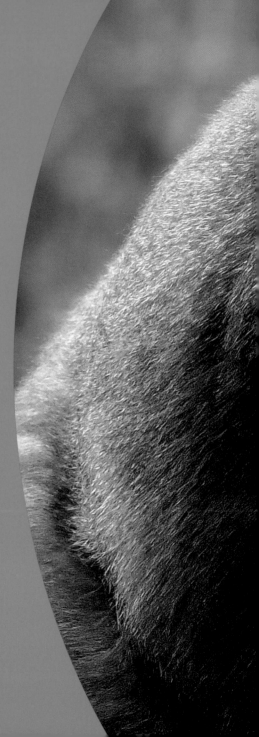

La cría tiene pelo oscuro.
Su pelo también crece.

pelo

8

Mamá la acicala.

Le saca los insectos.

La cría anda sobre
la espalda de mamá.

Se agarra con sus
manos y pies.

¡Camina sin ayuda!

Explora el bosque pluvial.

hoja

La cría y mamá
encuentran comida.
Ellas comen hojas.

La cría juega.
Se trepa.

16

¡Se balancea!

Vive en una manada.

manada

Ella juega con otras
crías de gorila.

Las crías crecen juntas.

Las partes de una cría de gorila

¿Cuáles son las partes de una cría de gorila? ¡Échales un vistazo!

oreja

pelo

fosa nasal

brazo

pata

mano

dedo
del pie

pie

pulgar

dedo

Glosario de fotografías

acicala
Limpia.

bosque pluvial
Un espeso bosque tropical
adonde cac mucha lluvia.

cría
Un gorila joven.

manada
Un grupo de gorilas.

Índice

Para aprender más

Aprender más es tan fácil como contar de 1 a 3.

❶ Visita www.factsurfer.com

❷ Escribe "críasdegorila" en la caja de búsqueda.

❸ Elige tu libro para ver una lista de sitios web.